FICHE DE L

DOCUMENT RÉDIGÉ PA
MAITRE EN PHI
(UNIVERSITÉ LIBRE I

Paroles

JACQUES PRÉVERT

lePetitLittéraire.fr

Jacques Prévert
Poète et scénariste français

- **Né en 1900 à Neuilly-sur-Seine**
- **Décédé en 1977 dans la Manche**
- **Quelques-unes de ses œuvres :**
  Paroles (1946), poésie
  Fatras (1966), poésie
  La Cinquième Saison (1984), poésie

Jacques Prévert (1900-1977) est un poète, scénariste et parolier français. Il se passionne très tôt pour la littérature et adhère au non-conformisme absolu prôné par le mouvement surréaliste. Mais, en 1929, sa soif d'indépendance le fait rompre avec les exigences du groupe dictées par André Breton. Une période d'intense création suit la rupture : Prévert produit pièces de théâtre, poésies, chansons (*Les Feuilles mortes*) et scénarios (*Quai des brumes*). Il atteint la reconnaissance grâce à son recueil de poésies *Paroles*. Artiste révolté, ses combats contre la violation des droits de l'homme et l'irrespect de la nature en font un écrivain toujours d'actualité.

Paroles
Une œuvre actuelle et universelle

- **Genre** : poésie
- **Édition de référence** : *Paroles*, Paris, Gallimard, coll. « Folioplus classiques », 1949, 296 p.
- **1re édition** : 1946
- **Thématiques** : amour, religion, mort, guerre

Recueil de poèmes publié en 1946, *Paroles* comprend 95 textes dont les thèmes principaux sont la dénonciation de la violence, l'oppression et l'amour.

Les textes suscitent l'intérêt du public autant par leur richesse, leur construction travaillée et leurs références culturelles que par les sujets actuels et universels qui y sont abordés. L'œuvre a été vendue à plusieurs millions d'exemplaires, ce qui fait de Prévert le poète le plus lu aujourd'hui.

ÉCLAIRAGES

Paroles est un recueil de poèmes et de textes donnés par Jacques Prévert à des amis ou publiés dans diverses revues littéraires (*Le Commerce*, *Bifur*, *La Révolution surréaliste*, *Cahiers GLM*, *Soutes*, *Les Cahiers d'art*), rassemblés par l'éditeur français René Bertelé (1908-1973), sans qui l'œuvre de Prévert serait demeurée dispersée (bien que ses poèmes aient été regroupés une première fois par des étudiants de Reims mais de façon amateure et partielle). La réunion des poèmes de Prévert est d'une grande importance puisqu'elle a permis au poète d'atteindre la reconnaissance en faisant de l'ensemble de ses textes encore trop méconnus une œuvre qui donne la mesure réelle de son génie. L'édition définitive est celle de 1947.

Les thèmes du recueil sont nombreux. Prévert y dénonce entre autres la violence, la guerre, la politique bourgeoise (*La Batteuse*), le cléricalisme (*La Crosse en l'air*), l'emprisonnement (*La Chasse à l'enfant*) et la colonisation (*L'Effort humain*). Sa poésie est donc ouvertement engagée politiquement et socialement. Mais l'œuvre ne se compose pas que d'anarchisme et de révolution puisque la plume du poète court également sur Paris, le temps, la société, le quotidien, la liberté, le bonheur, l'amour (*Rue de Seine*), l'art et la création (*Promenade de Picasso*).

Le contexte historique de rédaction, celui de l'entre-deux-guerres, revêt une importance pour la compréhension du recueil : s'y enchainent paralysie politique, crise économique mondiale (1929), scandales politiques et financiers. Le climat social laisse à désirer : les horaires de travail sont longs et les salaires bas, la couverture sociale est inexistante de même que les caisses de retraite, et les syndicats sont muselés. Il n'existe à l'époque quasiment pas de législation sociale. La naissance du travail à la chaine signe en outre l'écrasement de l'ouvrier par le machinisme. La situation des agriculteurs n'est pas meilleure en ce qu'ils vivent dans un régime de quasi-féodalité. Ainsi, Prévert dénonce la volonté des puissants, et notamment de l'Église catholique, de soumettre les petites gens en les forçant à la résignation par l'exemple de la hiérarchie en son sein, par la promotion de la souffrance ici-bas pour le rachat des péchés dans l'au-delà et par le silence du pape sur les agissements de Franco (général et homme d'État espagnol, 1892-1975) et de Mussolini (homme d'État italien, 1883-1945). L'autre ennemi se trouve dans les gradés de l'armée qui cherchent à envoyer le peuple à la guerre en agitant la carotte d'une France glorieuse et conquérante.

Sur la scène internationale, l'atmosphère n'est pas moins celle de l'avènement de la droite, du totalitarisme et du bellicisme. En 1922, Mussolini prend le pouvoir en Italie à cause de la crise économique, de la peur des revendications ouvrières et du communisme. Onze ans plus tard, les mêmes raisons, auxquelles doivent s'ajouter l'humiliation de la défaite de 1918 et l'antisémitisme, amènent Hitler (homme d'État allemand, 1889-1945) au pouvoir. En Espagne, c'est le général Franco qui sévit contre la gauche. En somme, tout n'est que dictature dans une Europe mise à mal.

Ainsi, Prévert endosse le rôle d'agitateur, de celui qui fait réfléchir et cherche à bouleverser le cours des choses par sa plume dénonciatrice et revendicatrice. L'ensemble de son œuvre se veut un moyen de donner la parole à ceux qui ne l'ont pas.

CLÉS DE LECTURE

THÈMES

L'amour

L'amour apparait comme un remède à l'ennui, la trace du sentiment de vivre et de « l'incertitude de mourir ». Seuls l'amour et l'art sont capables de faire reculer la guerre et les idées noires nées d'un monde qui s'enlise : l'amour est ce sentiment qui parvient même à faire aimer la Terre telle qu'elle est, dans tous ses horribles travers.

Prévert condamne la vulgarité dans l'amour : les manières grasses de toucher à la pureté des femmes, les plaisanteries grivoises et les visites obscènes des hommes d'Église dans les bordels – il associe d'ailleurs ces licences à la violence. Ainsi, la brutalité dans l'amour le répugne. Pourtant, Prévert célèbre d'autres formes avilies de l'amour, ou du moins répréhensibles par la morale traditionnelle. C'est le cas de l'amour libre. Le poète aime les plaisirs défendus, les risques en amour ou encore le caractère éphémère des aventures. À l'inverse de l'amour possessif et exclusif et de son cortège de promesses, l'amour libre est à ses yeux heureux et ne mène pas à l'échec. Prévert conçoit cet amour comme le courage de se libérer soi-même et de libérer l'autre d'un amour qui agonise et meurt, d'un amour dégradé. L'amour libre est toujours un amour vrai, un amour heureux et qui ne pense pas.

(Voir les poèmes *Lanterne magique de Picasso*, *Souvenirs de famille ou l'Ange garde-chiourme*, *La Crosse en l'air*, *Je suis comme je suis*, *Rue de Seine*, *Le Cheval rouge*, *Pour toi mon amour*, *Fille d'acier*, *Chanson du geôlier*)

La religion

Prévert considère que les prêtres sont de mèche avec les oppresseurs du peuple, les maitres et les meneurs de guerre. Pour s'en rendre compte, il suffit de voir le massacre des indigènes qui se couple à leur conversion forcée par les missionnaires : la religion se veut moralisatrice et donneuse de leçons, mais se retrouve bien souvent à l'origine de persécutions. Le poète est déçu par le pape qui, face aux difficultés que connait le monde, ne réagit pas ; le Vatican et l'Église regorgent de richesses dont son cœur est visiblement dépourvu. Enfin, Prévert multiplie les marques d'incrédulité face aux dogmes et aux pratiques, qu'il tourne en dérision.

L'artiste est ouvertement dans la dénonciation et multiplie les formules assassines : « Toutes ces couteuses ces ruineuses saloperies » aux côtés de la misère de l'humanité, « toutes ces mornes et sérieuses pitreries [...] ces fétiches... ces gris-gris » qui offensent la raison (*La Crosse en l'air*), et il déplore la prosternation de la foule qui, au lieu de profiter de sa liberté, demeure dupe de ces supercheries. Pire encore, la parole de Jésus est un terrain propice au conservatisme social : opium du peuple, elle justifie l'exploitation au travail et la dureté de la vie : si les hommes « morflent » ici, ils seront récompensés là-bas, un jour.

C'est pourquoi Prévert est athée :

« A comme absolument athée
T comme totalement athée
H comme hermétiquement athée
É accent aigu comme étonnamment athée
E comme entièrement athée
(*La Crosse en l'air*)

Il refuse de se laisser apprivoiser, surtout parce que la religion, intolérante et démissionnaire, accepte trop souvent la guerre.

(Voir les poèmes *Souvenirs de famille ou l'Ange garde-chiourmes*, *Salut à l'oiseau*, *Noces et Banquets*, *Les Grandes Inventions*, *Écritures saintes*, *La Crosse en l'air*)

La mort

La religion qui donne un sens à la mort. Mais Prévert la considère quant à lui seulement comme un évènement nécessaire et naturel lié à notre condition et ne lui accorde pas de signification particulière. Elle ne l'angoisse pas. Elle est brutale, survient sans raison et se traduit donc dans ses poèmes sans sentimentalité ni solennité, avec même un peu d'humour noir qui souligne l'indifférence du narrateur à son égard.

(Voir les poèmes *Tentatives de description d'un dîner de têtes à Paris-France*, *La Pêche à la baleine*, *Événements*, *Chanson dans le sang*, *Chez la fleuriste*, *Fête foraine*)

Il décortique aussi les morts provoquées en essayant de comprendre les mobiles des crimes qu'il juge parfois absurdes, parfois défendables. Une certaine violence peut donc être justifiée, essentiellement celle qui émane des faibles opprimés et qui s'exprime contre les forts, les militaristes, les bellicistes, les racistes et les bourgeois, dans la révolution.

S'il envisage la mort avec détachement, Prévert condamne fermement les entreprises de mort telles que la guerre.

(Voir les poèmes *Événements*, *La Grasse Matinée*, *Chanson du geôlier*)

La guerre

Prévert pointe du doigt les coupables sous-jacents de la guerre : les journalistes et les écrivains, les politiciens et les dictateurs, les prêtres et les militaires qui ont conditionné l'homme à exalter les vertus guerrières par le culte des individus morts en héros et les mythes, ce qui provoque la liesse à l'annonce de la guerre. Ainsi, briseur de religion, le poète ne l'est pas moins de certaines grandes réputations dues à des hauts faits de guerre et à des conquêtes sanglantes ; il refuse de s'incliner devant des personnages historiques tels que Louis XIV (roi de France, 1638-1715) et Napoléon (empereur français, 1769-1821) dont la renommée est née d'une tuerie.

L'absurdité de la guerre est suprême en ce qu'après elle, tout recommence comme avant, jusqu'à la prochaine fois. Rien n'a changé. L'unique différence réside dans le nombre d'absents, massacrés sur l'un ou l'autre autel d'une gloire invisible. Il ne reste qu'à refuser de saluer le commandant, en insoumis.

(Voir les poèmes *Le Temps des noyaux*, *Le Discours sur la paix*, *Histoire du cheval*, *L'Amiral*, *Quartier libre*, *Fleurs et Couronnes*, *Le Contrôleur*, *Événements*, *Aux champs*, *Le Paysage changeur*, *Barbara*, *La Rue de Buci*)

La révolution

Prévert parle en faveur des parias de la société, qu'il s'agisse des grabataires, des truands, des estropiés, des lépreux, des chômeurs, des analphabètes, des clochards ou encore des malheureux et des prisonniers. Mais il écrit aussi pour les soldats engagés dans des guerres que d'autres ont voulues.

Le poète s'étend sur la défense des artisans du bonheur des autres sans pouvoir y toucher eux-mêmes, les exploités :

« Ceux qui n'ont jamais vu la mer, ceux qui soufflent vides les bouteilles que d'autres boiront pleines [...] ceux qui traient les vaches et ne boivent pas le lait, ceux qu'on engage, qu'on remercie, qu'on augmente, qu'on diminue, qu'on manipule, qu'on fouille, qu'on assomme. (*Tentatives de description d'un dîner de têtes à Paris-France*)

Il dépeint le quotidien malheureux de ces travailleurs exploités, en en soulignant la tristesse et la banalité, la dureté des décors de briques qu'ils ont à traverser, la fatigue née des interminables horaires, les mines et les usines, les maladies et la sueur, et tout cela pour un salaire de misère :

❝ Son salaire est maigre
ses enfants aussi
il travaille comme un nègre
et le nègre travaille comme lui.
(*L'Effort humain*)

Mais Prévert dépasse l'exposition de ces injustices et leur dénonciation pour appeler à l'union et à la révolution.

Le « rester ensemble » annonce le soleil rouge de la révolution qui mettra fin à la dictature du capital et de l'injustice :

❝ [...] et les travailleurs sortiront
ils verront alors le soleil
le vrai le dur le rouge soleil de la révolution
et ils se compteront
et ils se comprendront
et ils verront leur nombre
et ils regarderont l'ombre
et ils riront
et ils s'avanceront
une dernière fois le capital voudra les empêcher de rire
ils le tueront.
(*Le Paysage changeur*)

Prévert appelle à la fin de la domination des pères et des vieillards bornés indiquant toujours le même chemin de la guerre, à la fin du règne des bourgeois et des capitalistes qui s'engraissent aux dépens d'autrui et qui ont pour complices journalistes, politiciens et religieux.

(Voir les poèmes *Tentatives de description d'un dîner de têtes à Paris-France*, *Salut à l'oiseau*, *Aux champs*, *La Crosse en l'air*, *Le Temps perdu*)

L'écrivain a choisi de terminer son recueil par le poème *Lanterne magique de Picasso* dont le dernier vers parle d'un monde « beau comme tout », désireux sans doute de clore son œuvre par une note d'espoir et la possibilité d'un monde meilleur.

STYLE ET INFLUENCES

Des formes diverses

Le recueil comprend trois poèmes longs à la structure assez complexe : *Tentative de description d'un dîner de têtes à Paris-France*, *Les Souvenirs de famille* et *La Crosse en l'air*. S'ils ont en commun la longueur, ces trois textes se distinguent par leur forme : le premier comporte deux dénombrements et narre une réception à l'Élysée en empruntant le style du reportage ; le second est écrit dans un style simple et offre une version cocasse de la vie de Jésus rapportée dans un discours direct et décousu ; le troisième se rapproche de la composition à tiroirs.

Les autres formes à relever dans *Paroles* sont :

- le lyrisme : il exprime, souvent de manière vive, la subjectivité ou les thèmes existentiels. Ainsi, Prévert partage à plusieurs reprises ses sentiments avec son lecteur qu'il plonge dans la compassion. C'est le cas par exemple dans son poème *Le désespoir est assis sur un banc* ;
- la chanson : elle est une composition destinée à être chantée et comprend un refrain et des couplets. Prévert en a composé plusieurs (*La Pêche à la baleine, La Grasse Matinée, Chanson des escargots qui vont à l'enterrement*) ;
- les histoires courtes (*Les Paris stupides, Le Grand Homme* ou *L'Amiral*) ;
- l'inventaire : il s'agit d'une liste, d'une énumération hétéroclite et insensée. Le poème *L'Inventaire* en est l'exemple parfait.

Des styles différents

Le style de Prévert est marqué par ses qualités de conteur, son art de l'ironie, l'humour acide, le burlesque et la démystification (la vie de Jésus est « une triste et banale histoire », *La Crosse en l'air*). Le poète excelle dans la désacralisation des grandes figures qui se veulent augustes : il les dépeint dans les situations humaines les plus basses et les plus communes, mettant à mal toute leur emphase.

Si Prévert utilise peu d'argot, il adore user des grossièretés, dont il connait le côté percutant : «con» (*Pater Noster*), «bordel» (*La Crosse en l'air*) ou encore «connerie» (*Barbara*).

La Crosse en l'air est particulièrement représentative de ce langage truculent et haut en couleurs :

« Ah! Foutez-moi la paix à la fin/ je ne suis tout de même pas arrivé à mon âge et à ma haute situation pour me laisser emmerder par un malheureux petit libre penseur de rien du tout.

Les sonorités

L'éloquence de Prévert lui vient également de l'excellence avec laquelle il manie les groupes ternaires : «Les maîtres avec leurs prêtres leur traîtres et leurs reîtres.» (*Pater Noster*) À noter aussi les anaphores (figure de style qui consiste à commencer par le même mot ou groupe de mots les différents vers ou phrases qui composent la strophe ou le paragraphe) :

« Et le sang des hommes torturés dans leurs prisons…
et le sang des enfants torturés tranquillement par leur
    papa et leur maman…
et le sang des hommes qui saignent de la tête dans
    les cabanons…
et le sang du couvreur qui glisse et tombe du toit
et le sang qui arrive et qui coule à grand flots.
(*Chanson dans le sang*)

On trouve également beaucoup d'allitérations et de paronomases. L'allitération consiste en la répétition de consonne(s) au sein d'un même vers ou d'une même phrase : « Barbara, bras, rappelle, Brest, ruisselante, souriante » (*Barbara*). La paronomase utilise quant à elle au sein d'une même phrase ou d'un même vers des paronymes (mots qui ont une forme proche mais dont le sens diffère) :

- « La pipe au papa du papa Pie pue » (*La Crosse en l'air*) ;
- « Dépêchez-vous de la dépecer » (*La Pêche à la baleine*) ;
- « Pluie de plumes plumes de pluie » (*Les Oiseaux du souci*) ;
- « Cette atroce voix cariée, cette voix pouacre […] nécrologique » (*La Crosse en l'air*).

Les rôles que peuvent remplir ces figures de style sont nombreux : pur divertissement, visée poétique, révélateur de personnalité, dérision, etc.

Les jeux de mots

Les jeux de mots foisonnent :

- la contrepèterie. Figure de style qui consiste à produire des phrases absurdes et grivoises par l'inversion de l'ordre des syllabes, des lettres ou des mots : « le serpent du Jeu de Paume le serment du Jus de Pomme » (*Promenade de Picasso*) ; « Martyr c'est pourrir un peu » (*Souvenirs de famille*) ; « faire prendre le Messie pour une lanterne » (*Souvenirs de famille*) : le rôle est ici celui de l'antireligieux ;

- le lapsus. Prévert prend l'habitude d'écorcher les noms propres pour manifester son mépris de ces individus : Claude Farrère (écrivain français, 1876-1957) devient Claude Führer ; Drieu la Rochelle (écrivain français , 1893-1945) devient Brioche la Rochelle ; Horace de Carbuccia (journaliste et éditeur français, 1891-1975) devient Vorace de Carbucia. L'effet est injurieux et comique à la fois ;
- le néologisme. Il s'agit de mots inventés par l'auteur. Le poème *Tentatives de description d'un dîner de têtes à Paris-France* en comprend plusieurs : « ceux qui tricolorent [...] andromaquent [...] majusculent » ;
- le calembour. Dans *Salut à l'oiseau*, « Geai d'eau d'un noir de jais », on retrouve bien ce jeu sur des mots qui se prononcent de la même façon mais diffèrent par leur sens ;
- l'équivoque. Il s'agit d'une pensée qui peut se soumettre à une double interprétation (sens propre, sens figuré ou sens courant, sens argotique). C'est le cas dans *Le Discours sur la paix* :

❮❮ Vers la fin d'un discours extrêmement important
le grand homme d'État trébuchant
sur une belle phrase creuse
tombe dedans
et désemparé la bouche grande ouverte
haletant
montre les dents
et la carie dentaire de ses pacifiques raisonnements
met à vif le nerf de la guerre
la délicate question d'argent.

La Batteuse est un poème qui parait tout entier équivoque puisque sous couvert de décrire des travaux agricoles, il est l'allégorie de la violence de l'occupation.

- la personnification. Prévert personnifie de nombreux concepts (travail, terre, jeunesse, désespoir, etc.) avec raison : le capital, ce sont des hommes, l'effort humain, ce sont tous les hommes. Derrière chaque notion intellectuelle se cachent des individus ;
- le cliché. Quand Prévert écrit « gai comme un pinçon » (*Dans ma maison*), c'est pour dénoncer le côté conventionnel du langage. En effet, le pinson n'est gai que quand il est gai et non par essence ;
- la comparaison. Elle est chez Prévert toujours très originale : « Et voilà l'évêque qui surgit en agitant sa crosse/ son visage est défait comme un vieux lit. » (*La Crosse en l'air*) Elle peut aussi être magique, belle et métaphorique : « Comme une algue doucement caressée par le vent/ Dans les sables du lit tu remues en rêvant. » (*Sables mouvants*)

Le surréalisme

L'influence du surréalisme sur Prévert se fait sentir dans l'affranchissement des contraintes du vraisemblable, les automatismes et les images nouvelles. Tout se situe dans le rêve. On pense aux vers « Les murs de la classe s'écroulent très tranquillement » du poème *Page d'écriture* où les associations d'idées foisonnent pour offrir de nouvelles perspectives. Il y a bien sûr également les collages, qui sont issus de cette inspiration, utilisés dans l'ensemble du poème *La Lanterne magique de Picasso* et qui permettent à Prévert de faire des clins d'yeux à ses lecteurs cultivés. Cependant, contrairement aux vrais surréalistes, le poète, s'il brise les automatismes du langage, ne fait pas de son inspiration un bric-à-brac.

BON À SAVOIR : LE SURRÉALISME

Le surréalisme est un mouvement littéraire et artistique né après la Première Guerre mondiale, dont les principaux représentants sont André Breton (1896-1966), Paul Éluard (1895-1952), Louis Aragon (1897-1982) et Robert Desnos (1900-1945). Il est caractérisé par le refus de toute construction logique de l'esprit et est fondé sur les valeurs de l'irrationnel, de l'absurde, du rêve, du désir et de la révolte. À cette fin, les auteurs recourent à l'écriture automatique – qui consiste à écrire ses pensées sans la moindre censure ou le moindre contrôle de la raison – ou à d'autres techniques comme le cadavre exquis (jeu qui consiste à faire composer une phrase ou un dessin par plusieurs personnes sans qu'aucune d'elles puisse tenir compte de la collaboration ou des collaborations précédentes, d'après la définition du *Dictionnaire abrégé du surréalisme*) ou les expériences de sommeil hypnotique.

PISTES DE RÉFLEXION

QUELQUES QUESTIONS POUR APPROFONDIR SA RÉFLEXION...

- À qui s'adresse Prévert dans son recueil ?
- Quel portrait de l'auteur peut-on dresser d'après *Paroles* ?
- Quelles sont les valeurs présentes dans l'œuvre ?
- Dans *Paroles*, Prévert endosse-t-il le rôle de fabuliste ?
- Quels liens peut-on établir entre la poésie de Prévert et celle d'Aragon ?
- Quel est le rôle des saisons dans l'œuvre ?
- Pourquoi Prévert associe-t-il la naissance et la mort ?
- Quelle est l'image de la famille véhiculée dans le recueil ?
- Relevez des inventions verbales dans le poème *La Crosse en l'air*.
- Que pouvez-vous dire des rimes et du rythme dans le poème *Le Paysage changeur* ?

POUR ALLER PLUS LOIN

ÉDITION DE RÉFÉRENCE

- Prévert J., *Paroles*, Paris, Gallimard, coll. « Folioplus classiques », 1949.

ÉTUDE DE RÉFÉRENCE

- Laster A., Paroles. *Prévert*, Paris, Hatier, coll. « Profil d'une œuvre », 1972.

Retrouvez notre offre complète sur lePetitLittéraire.fr

- des fiches de lectures
- des commentaires littéraires
- des questionnaires de lecture
- des résumés

ANOUILH
- Antigone

AUSTEN
- Orgueil et Préjugés

BALZAC
- Eugénie Grandet
- Le Père Goriot
- Illusions perdues

BARJAVEL
- La Nuit des temps

BEAUMARCHAIS
- Le Mariage de Figaro

BECKETT
- En attendant Godot

BRETON
- Nadja

CAMUS
- La Peste
- Les Justes
- L'Étranger

CARRÈRE
- Limonov

CÉLINE
- Voyage au bout de la nuit

CERVANTÈS
- Don Quichotte de la Manche

CHATEAUBRIAND
- Mémoires d'outre-tombe

CHODERLOS DE LACLOS
- Les Liaisons dangereuses

CHRÉTIEN DE TROYES
- Yvain ou le Chevalier au lion

CHRISTIE
- Dix Petits Nègres

CLAUDEL
- La Petite Fille de Monsieur Linh
- Le Rapport de Brodeck

COELHO
- L'Alchimiste

CONAN DOYLE
- Le Chien des Baskerville

DAI SIJIE
- Balzac et la Petite Tailleuse chinoise

DE GAULLE
- Mémoires de guerre III. Le Salut. 1944-1946

DE VIGAN
- No et moi

DICKER
- La Vérité sur l'affaire Harry Quebert

DIDEROT
- Supplément au Voyage de Bougainville

DUMAS
- Les Trois Mousquetaires

ÉNARD
- Parlez-leur de batailles, de rois et d'éléphants

FERRARI
- Le Sermon sur la chute de Rome

FLAUBERT
- Madame Bovary

FRANK
- Journal d'Anne Frank

FRED VARGAS
- Pars vite et reviens tard

GARY
- La Vie devant soi

GAUDÉ
• La Mort du roi Tsongor
• Le Soleil des Scorta

GAUTIER
• La Morte amoureuse
• Le Capitaine Fracasse

GAVALDA
• 35 kilos d'espoir

GIDE
• Les Faux-Monnayeurs

GIONO
• Le Grand Troupeau
• Le Hussard sur le toit

GIRAUDOUX
• La guerre de Troie
  n'aura pas lieu

GOLDING
• Sa Majesté des
  Mouches

GRIMBERT
• Un secret

HEMINGWAY
• Le Vieil Homme
  et la Mer

HESSEL
• Indignez-vous !

HOMÈRE
• L'Odyssée

HUGO
• Le Dernier Jour
  d'un condamné
• Les Misérables
• Notre-Dame de Paris

HUXLEY
• Le Meilleur des mondes

IONESCO
• Rhinocéros
• La Cantatrice chauve

JARY
• Ubu roi

JENNI
• L'Art français
  de la guerre

JOFFO
• Un sac de billes

KAFKA
• La Métamorphose

KEROUAC
• Sur la route

KESSEL
• Le Lion

LARSSON
• Millenium I. Les
  hommes qui n'aimaient
  pas les femmes

LE CLÉZIO
• Mondo

LEVI
• Si c'est un homme

LEVY
• Et si c'était vrai...

MAALOUF
• Léon l'Africain

MALRAUX
• La Condition humaine

MARIVAUX
• La Double Inconstance
• Le Jeu de l'amour
  et du hasard

MARTINEZ
• Du domaine des
  murmures

MAUPASSANT
• Boule de suif
• Le Horla
• Une vie

MAURIAC
• Le Nœud de vipères

MAURIAC
• Le Sagouin

MÉRIMÉE
• Tamango
• Colomba

MERLE
• La mort est mon métier

MOLIÈRE
• Le Misanthrope
• L'Avare
• Le Bourgeois
  gentilhomme

MONTAIGNE
• Essais

MORPURGO
• Le Roi Arthur

MUSSET
• Lorenzaccio

MUSSO
• Que serais-je
  sans toi ?

NOTHOMB
• Stupeur et
  Tremblements

ORWELL
• La Ferme
  des animaux
• 1984

PAGNOL
• La Gloire de
  mon père

PANCOL
• Les Yeux jaunes
  des crocodiles

PASCAL
• Pensées

PENNAC
• Au bonheur
  des ogres

POE
• La Chute de la
  maison Usher

PROUST
• Du côté de
  chez Swann

QUENEAU
• Zazie dans
  le métro

QUIGNARD
• Tous les matins
  du monde

RABELAIS
- Gargantua

RACINE
- Andromaque
- Britannicus
- Phèdre

ROUSSEAU
- Confessions

ROSTAND
- Cyrano de Bergerac

ROWLING
- Harry Potter à l'école des sorciers

SAINT-EXUPÉRY
- Le Petit Prince
- Vol de nuit

SARTRE
- Huis clos
- La Nausée
- Les Mouches

SCHLINK
- Le Liseur

SCHMITT
- La Part de l'autre
- Oscar et la Dame rose

SEPULVEDA
- Le Vieux qui lisait des romans d'amour

SHAKESPEARE
- Roméo et Juliette

SIMENON
- Le Chien jaune

STEEMAN
- L'Assassin habite au 21

STEINBECK
- Des souris et des hommes

STENDHAL
- Le Rouge et le Noir

STEVENSON
- L'Île au trésor

SÜSKIND
- Le Parfum

TOLSTOÏ
- Anna Karénine

TOURNIER
- Vendredi ou la Vie sauvage

TOUSSAINT
- Fuir

UHLMAN
- L'Ami retrouvé

VERNE
- Le Tour du monde en 80 jours
- Vingt mille lieues sous les mers
- Voyage au centre de la terre

VIAN
- L'Écume des jours

VOLTAIRE
- Candide

WELLS
- La Guerre des mondes

YOURCENAR
- Mémoires d'Hadrien

ZOLA
- Au bonheur des dames
- L'Assommoir
- Germinal

ZWEIG
- Le Joueur d'échecs

Et beaucoup d'autres sur lePetitLittéraire.fr

www.lepetitlitteraire.fr

ISBN version imprimée : 978-2-8062-5224-1
ISBN version numérique : 978-2-8062-5180-0
Dépôt légal : D/2013/12.603/88